Ce carnet appartient à

. . . .

Date :

Date :

Date :

Date :

Date :

Date :

Date :

....

....

....

....

....

Date :

....

....

....

....

....

Date :

....

....

....

....

....

Date :

Date :

Date :

Date :

Date :

Date :

Date :

....

....

....

....

....

Date :

....

....

....

....

....

Date :

....

....

....

....

....

Date :

....

....

....

....

....

Date :

....

....

....

....

....

Date :

....

....

....

....

....

Date :

Date :

Date :

Date :

· ·

· ·

· ·

· ·

· ·

Date :

· ·

· ·

· ·

· ·

· ·

Date :

· ·

· ·

· ·

· ·

· ·

Date :

Date :

Date :

Date :

....

....

....

....

....

Date :

....

....

....

....

....

Date :

....

....

....

....

....

Date :

....

....

....

....

....

Date :

....

....

....

....

....

Date :

....

....

....

....

....

Date :

Date :

Date :

Date :

Date :

Date :

Date :

....

....

....

....

....

Date :

....

....

....

....

....

Date :

....

....

....

....

....

Date :

Date :

Date :

Date :

....

....

....

....

....

Date :

....

....

....

....

....

Date :

....

....

....

....

....

Date :

....

....

....

....

....

Date :

....

....

....

....

....

Date :

....

....

....

....

....

Date :

....

....

....

....

....

Date :

....

....

....

....

....

Date :

....

....

....

....

....

Date :

Date :

Date :

Date :

....

....

....

....

....

Date :

....

....

....

....

....

Date :

....

....

....

....

....

Date :

Date :

Date :

Date :

....

....

....

....

....

Date :

....

....

....

....

....

Date :

....

....

....

....

....

Date :

....

....

....

....

....

Date :

....

....

....

....

....

Date :

....

....

....

....

....

Date :

Date :

Date :

Date :

Date :

Date :

Date :

Date :

Date :

Date :

Date :

Date :

Date :

....

....

....

....

....

Date :

....

....

....

....

....

Date :

....

....

....

....

....

Date :

....

....

....

....

....

Date :

....

....

....

....

....

Date :

....

....

....

....

....

Date :

....
....
....
....
....

Date :

....
....
....
....
....

Date :

....
....
....
....
....

Date :

Date :

Date :

Date :

....

....

....

....

....

Date :

....

....

....

....

....

Date :

....

....

....

....

....

Date :

Date :

Date :

Date :

....

....

....

....

....

Date :

....

....

....

....

....

Date :

....

....

....

....

....

Date :

Date :

Date :

Date :

· ·

· ·

· ·

· ·

· ·

Date :

· ·

· ·

· ·

· ·

· ·

Date :

· ·

· ·

· ·

· ·

· ·

Date :

Date :

Date :

Date :

....

....

....

....

....

Date :

....

....

....

....

....

Date :

....

....

....

....

....

Date :

Date :

Date :

Date :

....

....

....

....

....

Date :

....

....

....

....

....

Date :

....

....

....

....

....

Date :

....

....

....

....

....

Date :

....

....

....

....

....

Date :

....

....

....

....

....

Date :

....

....

....

....

....

Date :

....

....

....

....

....

Date :

....

....

....

....

....

Date :

Date :

Date :

Date :

....

....

....

....

....

Date :

....

....

....

....

....

Date :

....

....

....

....

....

Date :

Date :

Date :

Date :

....

....

....

....

....

Date :

....

....

....

....

....

Date :

....

....

....

....

....

Date :

Date :

Date :

Date :

··
··
··
··
··

Date :

··
··
··
··
··

Date :

··
··
··
··
··

Date :

Date :

Date :

Date :

. . . .

. . . .

. . . .

. . . .

. . . .

Date :

. . . .

. . . .

. . . .

. . . .

. . . .

Date :

. . . .

. . . .

. . . .

. . . .

. . . .

Date :

Date :

Date :

Date :

....

....

....

....

....

Date :

....

....

....

....

....

Date :

....

....

....

....

....

Date :

....

....

....

....

....

Date :

....

....

....

....

....

Date :

....

....

....

....

....

Date :

Date :

Date :

Date :

Date :

Date :

Date :

....

....

....

....

....

Date :

....

....

....

....

....

Date :

....

....

....

....

....

Date :

Date :

Date :

Date :

....

....

....

....

....

Date :

....

....

....

....

....

Date :

....

....

....

....

....

Date :

....

....

....

....

....

Date :

....

....

....

....

....

Date :

....

....

....

....

....

Date :

....

....

....

....

....

Date :

....

....

....

....

....

Date :

....

....

....

....

....

Date :

Date :

Date :

Date :

Date :

Date :

Date :

Date :

Date :

Date :

Date :

Date :

Date :

Date :

Date :

Date :

....

....

....

....

....

Date :

....

....

....

....

....

Date :

....

....

....

....

....

Date :

Date :

Date :

Date :

· ·

· ·

· ·

· ·

· ·

Date :

· ·

· ·

· ·

· ·

· ·

Date :

· ·

· ·

· ·

· ·

· ·

Date :
....
....
....
....
....

Date :
....
....
....
....
....

Date :
....
....
....
....
....

Date :

....

....

....

....

....

Date :

....

....

....

....

....

Date :

....

....

....

....

....

Date :

....

....

....

....

....

Date :

....

....

....

....

....

Date :

....

....

....

....

....

Date :

....

....

....

....

....

Date :

....

....

....

....

....

Date :

....

....

....

....

....

Date :

Date :

Date :

Date :

....

....

....

....

....

Date :

....

....

....

....

....

Date :

....

....

....

....

....

Date :

Date :

Date :

Date :

....

....

....

....

....

Date :

....

....

....

....

....

Date :

....

....

....

....

....

Date :

Date :

Date :

Date :

Date :

Date :

Date :

Date :

Date :

Date :

Date :

Date :

Date :

Date :

Date :

Date :

....

....

....

....

....

Date :

....

....

....

....

....

Date :

....

....

....

....

....

Date :

Date :

Date :

Date :

Date :

Date :

Date :

....

....

....

....

....

Date :

....

....

....

....

....

Date :

....

....

....

....

....

Date :

....

....

....

....

....

Date :

....

....

....

....

....

Date :

....

....

....

....

....

Date :

Date :

Date :

Date :

....

....

....

....

....

Date :

....

....

....

....

....

Date :

....

....

....

....

....

Date :

....

....

....

....

....

Date :

....

....

....

....

....

Date :

....

....

....

....

....

Date :

....

....

....

....

....

Date :

....

....

....

....

....

Date :

....

....

....

....

....

Date :

Date :

Date :

Date :

....

....

....

....

....

Date :

....

....

....

....

....

Date :

....

....

....

....

....

Date :

Date :

Date :

Date :

....
....
....
....
....

Date :

....
....
....
....
....

Date :

....
....
....
....
....

Date :

....

....

....

....

....

Date :

....

....

....

....

....

Date :

....

....

....

....

....

Date :

Date :

Date :

Date :

Date :

Date :

Date :

....

....

....

....

....

Date :

....

....

....

....

....

Date :

....

....

....

....

....

Date :

Date :

Date :

www.ingramcontent.com/pod-product-compliance
Lightning Source LLC
Chambersburg PA
CBHW020554220526
45463CB00006B/2299